PRÉFECTURE DE POLICE.

TABLEAU

DE

L'ÉCLAIRAGE DES RUES

DE PARIS

POUR L'ANNÉE 1832.

A PARIS,

LOTTIN DE S.-GERMAIN, IMPRIMEUR DE LA PRÉFECTURE DE POLICE,
RUE DE NAZARETH, N.º 1, PRÈS LE PALAIS DE JUSTICE.

TABLEAU DE L'ÉCLAIRAGE

DES RUES DE PARIS

POUR L'ANNÉE 1832.

L'ÉCLAIRAGE des Rues de Paris est fait par 12,349 becs de lumière établis dans 5,217 Lanternes. Sur ces 12,349 becs, 6,288 sont PERMANENS, et 6,061 sont VARIABLES. (1)

Les Lanternes sont divisées en Lanternes A ALLUMAGE PERMANENT et Lanternes A ALLUMAGE VARIABLE.

Les premières sont au nombre de 2,675. Elles éclairent dans tous les tems du soir au matin sans aucune interruption. Elles sont marquées de la lettre P, placée à droite de leurs boîtes.

Les Lanternes à ALLUMAGE VARIABLE, au nombre de 2,542, sont celles dont le service est interrompu pendant la clarté de la Lune, soit que cette clarté se prolonge pendant toute la nuit, soit qu'elle ne dure qu'une partie de la nuit seulement.

La lettre P n'existe pas sur les Lanternes à ALLUMAGE VARIABLE.

Le service se divise en ALLUMAGE EN PLEIN et DEMI-ALLUMAGE.

Il y a ALLUMAGE EN PLEIN quand toutes les Lanternes sont allumées.

Il n'y a que DÉMI-ALLUMAGE, lorsque les Lanternes permanentes SEULES sont allumées.

Alors, on en voit alternativement une ALLUMÉE et l'autre qui ne l'est point ÉTEINTE, dans les rues seulement. Quant à celles placées sur les quais, boulevarts, ponts et places publiques, elles sont aucune n'est toutes éteintes attendu qu'elles sont toutes Lanternes à ALLUMAGE VARIABLE. Mais dans certaines rues étroites et dans les impasses, où pénètre difficilement la clarté de la

---

(1) Voir l'Instruction qui suit le Tableau.

(4)

Lune, elles sont toutes allumées, parce qu'elles sont toutes Lanternes à ALLUMAGE PERMANENT.

Indépendamment des becs de lumière sus-indiqués et qui sont ceux qui font le service d'après le mode ordinaire de l'Entreprise, il existe 11 becs de lumière d'après le système *Bordier–Marcet*, et 69 becs d'Éclairage au Gaz.

Nota. Par les articles 24 et 25 du *~~son~~* cahier des charges *de l'adjudication*, l'Entrepreneur de l'Éclairage est tenu de faire l'allumage de toutes les parties de la Ville en 40 minutes au plus, c'est-à-dire, en commençant 20 minutes avant l'heure prescrite par le Tableau, et finissant 20 minutes après : il ne peut confier plus de vingt-cinq Lanternes à chaque Allumeur.

JANVIER.

Jours du mois.	HEURES D'ALLUMER LES LANTERNES.		HEURES D'EXTINCTION DES LANTERNES.	
	Permanentes.	Variables.	Variables.	Permanentes.
	h. m.	h. m.	h. m.	h. m.
D. 1	4 : 30	4 : 30	7 : "	7 : "
l. 2	4 : 30	4 : 30	7 : "	7 : "
m. 3	4 : 30	4 : 30	7 : "	7 : "
m. 4	4 : 30	4 : 30	7 : "	7 : "
j. 5	4 : 35	4 : 35	7 : "	7 : "
v. 6	4 : 35	4 : 35	7 : "	7 : "
s. 7	4 : 35	4 : 35 (soir)	7 : " (matin)	7 : "
D. 8	4 : 35	4 : 35	7 : "	7 : "
l. 9	4 : 40	4 : 40	7 : "	7 : "
m. 10	4 : 40	4 : 40	7 : "	7 : "
m. 11	4 : 40	4 : 40	7 : "	7 : "
j. 12	4 : 40	4 : 40	7 : "	7 : "
v. 13	4 : 45	4 : 45	7 : "	7 : "
s. 14	4 : 45	. . . . . .	. . . . . .	7 : "
D. 15	4 : 45 (soir)	. . . . . .	. . . . . .	7 : " (matin)
l. 16	4 : 50	. . . . . .	. . . . . .	7 : "
m. 17	4 : 50	4 : 50	5 ∧ 50	7 : "
m. 18	4 : 50	4 : 50	6 : 45	7 : "
j. 19	4 : 55	4 : 55 (soir)	8 : "	7 : "
v. 20	4 : 55	4 : 55	9 ∨ 15	6 : 45
s. 21	4 : 55	4 : 55	6 : 45	6 : 45
D. 22	5 : "	5 : "	6 : 45	6 : 45
l. 23	5 : "	5 : "	6 : 45	6 : 45
m. 24	5 : "	5 : " (soir)	6 : 45 (matin)	6 : 45
m. 25	5 : 5	5 : 5	6 : 45	6 : 45
j. 26	5 : 5	5 : 5	6 : 45	6 : 45
v. 27	5 : 5	5 : 5	6 : 45	6 : 45
s. 28	5 : 5	5 : 5	6 : 45	6 : 45
D. 29	5 : 10	5 : 10	6 : 45	6 : 45
l. 30	5 : 10	5 : 10	6 : 30	6 : 30
m. 31	5 : 10	5 : 10	6 : 30	6 : 30

N. L. le 3, à 3 h. 22 m. du matin.   P. L. le 17, à 4 h. 2 m. du soir.
P. Q. le 11, a 1 h. 0 m. du matin.   D. Q. le 24, à 5 h. 13 m. du soir.

(6)

FÉVRIER.

Jours du mois.	HEURES D'ALLUMER LES LANTERNES.		HEURES D'EXTINCTION DES LANTERNES.	
	Permanentes.	Variables.	Variables.	Permanentes.
	h. m.	h. m.	h. m.	h. m.
m. 1	5 . 15	5 . 15	6 . 30	6 . 30
j. 2	5 . 15	5 . 15	6 . 30	6 . 30
v. 3	5 . 15	5 . 15	6 . 30	6 . 30
s. 4	5 . 20	5 . 20	6 . 30	6 . 30
D. 5	5 . 20	5 . 20	6 . 30	6 . 30
l. 6	5 . 20	5 . 20	6 . 30	6 . 30
m. 7	5 . 25	5 . 25	6 . 15	6 . 15
m. 8	5 . 25	5 . 25	6 . 15	6 . 15
j. 9	5 . 25	5 . 25	6 . 15	6 . 15
v. 10	5 . 30	5 . 30	6 . 15	6 . 15
s. 11	5 . 30	5 . 30	6 . 15	6 . 15
D. 12	5 . 30	5 . 30	6 . 15	6 . 15
l. 13	5 . 35	. . . . .	. . . . .	6 . 15
m. 14	5 . 35	. . . . .	. . . . .	6 . 15
m. 15	5 . 35	. . . . .	. . . . .	6 . 15
j. 16	5 . 40	5 . 40	6 . 45	6 . 15
v. 17	5 . 40	5 . 40	8 . ″	6 . 15
s. 18	5 . 40	5 . 40	9 . 15	6 . ″
D. 19	5 . 45	5 . 45	10 . 30	6 . ″
l. 20	5 . 45	5 . 45	6 . ″	6 . ″
m. 21	5 . 50	5 . 50	6 . ″	6 . ″
m. 22	5 . 50	5 . 50	6 . ″	6 . ″
j. 23	5 . 50	5 . 50	6 . ″	6 . ″
v. 24	5 . 55	5 . 55	6 . ″	6 . ″
s. 25	5 . 55	5 . 55	6 . ″	6 . ″
D. 26	5 . 55	5 . 55	6 . ″	6 . ″
l. 27	6 . ″	6 . ″	6 . ″	6 . ″
m. 28	6 . ″	6 . ″	6 . ″	6 . ″
m. 29	6 . ″	6 . ″	6 . ″	6 . ″

N. L. le 1, à 10 h. 25 m. du soir.   P. L. le 16, à 3 h. 28 m. du matin.
P. Q. le 9, à 11 h. 22 m. du matin.   D. Q. le 23, à 0 h. 31 m. du soir.

(7)
MARS.

Jours du mois.	HEURES D'ALLUMER LES LANTERNES.		HEURES D'EXTINCTION DES LANTERNES.	
	Permanentes.	Variables.	Variables.	Permanentes.
	h. m.	h. m.	h. m.	h. m.
j. 1	6 . 5	6 . 5	5 . 45	5 . 45
v. 2	6 . 5	6 . 5	5 . 45	5 . 45
s. 3	6 . 10	6 . 10	5 . 45	5 . 45
D. 4	6 . 10	6 . 10	5 . 45	5 . 45
l. 5	6 . 10	6 . 10	5 . 45	5 . 45
m. 6	6 . 15	6 . 15	5 matin 45	5 . 45
m. 7	6 . 15	6 soir 15	5 . 30	5 . 30
j. 8	6 . 15	6 . 15	5 . 30	5 . 30
v. 9	6 . 20	10 . 30	5 . 30	5 . 30
s. 10	6 . 20	11 . "	5 . 30	5 . 30
D. 11	6 . 20	11 . "	5 . 30	5 . 30
l. 12	6 . 25	11 . "	5 . 30	5 . 30
m. 13	6 . 25	11 . "	5 . 30	5 . 30
m. 14	6 . 25	....	....	5 . 30
j. 15	6 soir 30	....	....	5 matin 15
v. 16	6 . 30	6 . 30	7 . 30	5 . 15
s. 17	6 . 30	6 . 30	8 . "	5 . 15
D. 18	6 . 35	6 . 35	9 soir 15	5 . 15
l. 19	6 . 35	6 . 35	10 . 30	5 . 15
m. 20	6 . 40	6 . 40	11 . 30	5 . 15
m. 21	6 . 40	6 . 40	" . 30	5 . 15
j. 22	6 . 40	6 . 40	1 . "	5 . 15
v. 23	6 . 45	6 soir 45	1 . 30	5 . 15
s. 24	6 . 45	6 . 45	5 . "	5 . "
D. 25	6 . 50	6 . 50	5 . "	5 . "
l. 26	6 . 50	6 . 50	5 matin "	5 . "
m. 27	6 . 55	6 . 55	5 . "	5 . "
m. 28	6 . 55	6 . 55	5 . "	5 . "
j. 29	7 . "	7 . "	5 . "	5 . "
v. 30	7 . "	7 . "	5 . "	5 . "
s. 31	7 . "	7 . "	5 . "	5 . "

N. L. le 2, à 3 h. 23 m. du soir.   P. L. le 16, à 3 h. 31 m. du soir.
P. Q. le 9, à 7 h. 22 m. du soir.   D. Q. le 24, à 8 h. 50 m. du matin.

(8)
AVRIL.

Jours du mois.	HEURES D'ALLUMER LES LANTERNES.		HEURES D'EXTINCTION DES LANTERNES.	
	Permanentes.	Variables.	Variables.	Permanentes.
	h. m.	h. m.	h. m.	h. m.
D. 1	7 . 5	7 . 5	4 . 45	4 . 45
l. 2	7 . 5	7 . 5	4 . 45	4 . 45
m. 3	7 . 10	7 . 10	4 . 45	4 . 45
m. 4	7 . 10	7 . 10	4 . 45	4 . 45
j. 5	7 . 10	7 . 10 _{soir}	4 . 45 _{matin}	4 . 45
v. 6	7 . 15	11 . ″	4 . 30	4 . 30
s. 7	7 . 15	11 . ″	4 . 30	4 . 30
D. 8	7 . 15	11 . ″	4 . 30	4 . 30
l. 9	7 . 20	11 . ″	4 . 30	4 . 30
m. 10	7 . 20	11 . ″	4 . 30	4 . 30
m. 11	7 . 20	. . . .	. . . .	4 . 30
j. 12	7 . 25	. . . .	. . . .	4 . 30
v. 13	7 . 25	. . . .	. . . .	4 . 30
s. 14	7 . 25 _{soir}	. . . .	. . . . _{matin}	4 . 30
D. 15	7 . 30	7 . 30	8 . 30	4 . 15
l. 16	7 . 30	7 . 30	9 . 30	4 . 15
m. 17	7 . 30	7 . 30	10 . 30 _{soir}	4 . 15
m. 18	7 . 35	7 . 35	11 . 30	4 . 15
j. 19	7 . 35	7 . 35	″ . 30	4 . 15
v. 20	7 . 35	7 . 35	1 . ″	4 . 15
s. 21	7 . 40	7 . 40	1 . 30	4 . 15
D. 22	7 . 40	7 . 40 _{soir}	2 . 15 _{matin}	4 . 15
l. 23	7 . 45	7 . 45	4 . 15	4 . 15
m. 24	7 . 45	7 . 45	4 . ″	4 . ″
m. 25	7 . 50	7 . 50	4 . ″	4 . ″
j. 26	7 . 50	7 . 50	4 . ″	4 . ″
v. 27	7 . 50	7 . 50	4 . ″	4 . ″
s. 28	7 . 55	7 . 55	4 . ″	4 . ″
D. 29	7 . 55	7 . 55	4 . ″	4 . ″
l. 30	7 . 55	7 . 55	4 . ″	4 . ″

N. L. le 1, à 5 h. 11 m. du matin.   D. Q. le 23, à 4 h. 22 m. du matin.
P. Q. le 8, à 1 h. 59 m. du matin.   N. L. le 30, à 3 h. 49 m. du soir.
P. L. le 15, à 4 h. 10 m. du matin.

MAI.

Jours du mois.	HEURES D'ALLUMER LES LANTERNES.		HEURES D'EXTINCTION DES LANTERNES.	
	Permanentes.	Variables.	Variables.	Permanentes.
	h. m.	h. m.	h. m.	h. m.
m. 1	8 . "	8 . "	4 . "	4 . "
m. 2	8 . "	8 . "	4 . "	4 . "
j. 3	8 . "	8 . "	3 . 45	3 . 45
v. 4	8 . 5	8 . 5	3 . 45	3 . 45
s. 5	8 . 5	11 . "	3 . 45	3 . 45
D. 6	8 . 5	11 . "	3 . 45	3 . 45
l. 7	8 . 10	11 . "	3 . 45	3 . 45
m. 8	8 . 10	11 . "	3 . 45	3 . 45
m. 9	8 . 10	11 . "	3 . 45	3 . 45
j. 10	8 . 15	. . . . .	. . . . .	3 . 45
v. 11	8 . 15	. . . . .	. . . . .	3 . 30
s. 12	8 . 15	. . . . .	. . . . .	3 . 30
D. 13	8 . 20	. . . . .	. . . . .	3 . 30
l. 14	8 . 20	. . . . .	. . . . .	3 . 30
m. 15	8 . 20	8 . 20	9 . 20	3 . 30
m. 16	8 . 20	8 . 20	10 . 30	3 . 30
j. 17	8 . 25	8 . 25	11 . 15	3 . 30
v. 18	8 . 25	8 . 25	Minuit.	3 . 30
s. 19	8 . 25	8 . 25	" . 45	3 . 30
D. 20	8 . 25	8 . 25	1 . "	3 . 30
l. 21	8 . 30	8 . 30	1 . 30	3 . 30
m. 22	8 . 30	8 . 30	3 . 15	3 . 15
m. 23	8 . 30	8 . 30	3 . 15	3 . 15
j. 24	8 . 30	8 . 30	3 . 15	3 . 15
v. 25	8 . 35	8 . 35	3 . 15	3 . 15
s. 26	8 . 35	8 . 35	3 . 15	3 . 15
D. 27	8 . 35	8 . 35	3 . 15	3 . 15
l. 28	8 . 40	8 . 40	3 . 15	3 . 15
m. 29	8 . 40	8 . 40	3 . "	3 . "
m. 30	8 . 40	8 . 40	3 . "	3 . "
j. 31	8 . 45	8 . 45	3 . "	3 . "

P. Q. le 7, à 8 h. 15 m. du matin.
P. L. le 14, à 5 h. 33 m. du soir.
D. Q. le 22, à 9 h. 29 m. du soir.
N. L. le 30, à 0 h. 5 m. du matin.

(10)
JUIN.

Jours du mois.	HEURES D'ALLUMER LES LANTERNES.		HEURES D'EXTINCTION DES LANTERNES.	
	Permanentes.	Variables.	Variables.	Permanentes.
	h. m.	h. m.	h. m.	h. m.
v. 1	8 : 45	8 : 45	3 . "	3 : "
s. 2	8 : 45	8 : 45	3 . "	3 : "
D. 3	8 : 50	8 : 50	3 . "	3 : "
l. 4	8 : 50	11 "	3 . "	3 : "
m. 5	8 : 50	11 "	3 . matin "	3 : "
m. 6	8 : 50	11 "	3 . "	3 : "
j. 7	8 : 55	11 "	3 . "	3 : "
v. 8	8 : 55	11 "	3 . "	3 : "
s. 9	8 : 55	11 "	3 . "	3 : "
D. 10	9 . "	....	....	3 : "
l. 11	9 . "	....	....	3 : "
m. 12	9 . "	....	....	3 : "
m. 13	9 . "	....	....	3 : "
j. 14	9 . 5	9 . 5	10 ^ 5	3 : "
v. 15	9 . soir 5	9 . 5	10 . soir 45	3 : matin "
s. 16	9 . 5	9 . 5	11 v 30	3 : "
D. 17	9 . 5	9 . 5	Minuit.	3 : "
l. 18	9 . 5	9 . 5	" 30	3 : "
m. 19	9 . 5	9 . 5	1 . "	3 : "
m. 20	9 . 5	9 . 5	1 . "	3 : "
j. 21	9 . 5	9 . soir 5	3 . "	3 : "
v. 22	9 . 5	9 . 5	3 . "	3 : "
s. 23	9 . 5	9 . 5	3 . "	3 : "
D. 24	9 . 5	9 . 5	3 . matin "	3 : "
l. 25	9 . 5	9 . 5	3 . "	3 : "
m. 26	9 . 5	9 . 5	3 . "	3 : "
m. 27	9 . 5	9 . 5	3 . "	3 : "
j. 28	9 . 5	9 . 5	3 . "	3 : "
v. 29	9 . "	9 . "	3 . "	3 : "
s. 30	9 . "	9 . "	3 . "	3 : "

P. Q. le 5, à 3 h. 8 m. du soir.   D. Q. le 21, à 11 h. 23 m. du matin.
P. L. le 13, à 7 h. 53 m. du matin.   N. L. le 28, à 7 h. 8 m. du matin.

JUILLET.

Jours du mois.	HEURES D'ALLUMER LES LANTERNES.		HEURES D'EXTINCTION DES LANTERNES.	
	Permanentes.	Variables.	Variables.	Permanentes.
	h. m.	h. m.	h. m.	h. m.
D. 1	9 . ″	9 . ″	3 . ″	3 . ″
l. 2	9 . ″	9 . ″	3 . ″	3 . ″
m. 3	9 . ″	10 . 30	3 . ″	3 . ″
m. 4	9 . ″	11 . ″	3 . ″	3 . ″
j. 5	9 . ″	11 . ″	3 . matin ″	3 . ″
v. 6	9 . ″	11 soir ″	3 . ″	3 . ″
s. 7	9 . ″	11 . ″	3 . ″	3 . ″
D. 8	9 . ″	11 . ″	3 . ″	3 . ″
l. 9	9 . ″	11 . ″	3 . ″	3 . ″
m. 10	9 . ″	11 . ″	3 . ″	3 . ″
m. 11	8 . 55	. . . . . .	. . . . . .	3 . ″
j. 12	8 . 55	. . . . . .	. . . . . .	3 . ″
v. 13	8 . 55	. . . . . .	. . . . . .	3 . ″
s. 14	8 . 55	8 . 55	10 . ″	3 . ″
D. 15	8 . 50	8 . 50	10 . 30	3 . ″
l. 16	8 soir 50	8 . 50	11 soir ″	3 matin ″
m. 17	8 . 50	8 . 50	11 . 15	3 . ″
m. 18	8 . 50	8 . 50	11 . 45	3 . ″
j. 19	8 . 45	8 . 45	Minuit.	3 . ″
v. 20	8 . 45	8 . 45	″ . 30	3 . ″
s. 21	8 . 45	8 . 45	1 . ″	3 . ″
D. 22	8 . 45	8 soir 45	3 . ″	3 . ″
l. 23	8 . 40	8 . 40	3 . ″	3 . ″
m. 24	8 . 40	8 . 40	3 . ″	3 . ″
m. 25	8 . 40	8 . 40	3 matin ″	3 . ″
j. 26	8 . 40	8 . 40	3 . ″	3 . ″
v. 27	8 . 35	8 . 35	3 . ″	3 . ″
s. 28	8 . 35	8 . 35	3 . ″	3 . ″
D. 29	8 . 35	8 . 35	3 . ″	3 . ″
l. 30	8 . 35	8 . 35	3 . ″	3 . ″
m. 31	8 . 30	8 . 30	3 . ″	3 . ″

P. Q. le 4, à 11 h. 42 m. du soir.
P. L. le 12, à 11 h. 4 m. du soir.
D. Q. le 20, à 10 h. 11 m. du soir.
N. L. le 27, à 2 h. 5 m. du soir.

(12)

AOUT.

Jours du mois.	HEURES D'ALLUMER LES LANTERNES.		HEURES D'EXTINCTION DES LANTERNES.	
	Permanentes.	Variables.	Variables.	Permanentes.
	h. m.	h. m.	h. m.	h. m.
m. 1	8 : 30	8 : 30	3 : 15	3 : 15
j. 2	8 : 30	8 : 30	3 : 15	3 : 15
v. 3	8 : 30	10 : 15	3 : 15	3 : 15
s. 4	8 : 25	10 : 45	3 : 15	3 : 15
D. 5	8 : 25	11 : "	3 : 15	3 : 15
l. 6	8 : 25	11 : "	3 : 15	3 : 15
m. 7	8 : 25	11 : "	3 : 15	3 : 15
m. 8	8 : 20	11 : "	3 : 15	3 : 15
j. 9	8 : 20	11 : "	3 : 30	3 : 30
v. 10	8 : 20	. . . .	. . . .	3 : 30
s. 11	8 : 15	. . . .	. . . .	3 : 30
D. 12	8 : 15	8 : 15	9 : 15	3 : 30
l. 13	8 : 15	8 : 15	9 : 30	3 : 30
m. 14	8 : 10	8 : 10	9 : 45	3 : 30
m. 15	8 : 10	8 : 10	10 : 15	3 : 30
j. 16	8 : 10	8 : 10	10 : 30	3 : 30
v. 17	8 : 5	8 : 5	11 : "	3 : 30
s. 18	8 : 5	8 : 5	11 : 30	3 : 45
D. 19	8 : 5	8 : 5	Minuit.	3 : 45
l. 20	8 : "	8 : "	3 : 45	3 : 45
m. 21	8 : "	8 : "	3 : 45	3 : 45
m. 22	8 : "	8 : "	3 : 45	3 : 45
j. 23	7 : 55	7 : 55	3 : 45	3 : 45
v. 24	7 : 55	7 : 55	3 : 45	3 : 45
s. 25	7 : 55	7 : 55	3 : 45	3 : 45
D. 26	7 : 50	7 : 50	3 : 45	3 : 45
l. 27	7 : 50	7 : 50	4 : "	4 : "
m. 28	7 : 50	7 : 50	4 : "	4 : "
m. 29	7 : 45	7 : 45	4 : "	4 : "
j. 30	7 : 45	7 : 45	4 : "	4 : "
v. 31	7 : 45	7 : 45	4 : "	4 : "

P. Q. le 3, à 10 h. 58 m. du matin.   D. Q. le 19, à 6 h. 42 m. du matin.
P. L. le 11, à 2 h. 37 m. du soir.   N. L. le 25, à 9 h. 53 m. du soir.

(13)

SEPTEMBRE.

Jours du mois.	HEURES D'ALLUMER LES LANTERNES.		HEURES D'EXTINCTION DES LANTERNES.	
	Permanentes.	Variables.	Variables.	permanentes.
	h. m.	h. m.	h. m.	h. m.
s. 1	7 : 40	7 : 40	4 : "	4 : "
D. 2	7 : 40	9 : "	4 : "	4 : "
l. 3	7 : 40	10 : "	4 : "	4 : "
m. 4	7 : 35	11 : " soir	4 : 15 matin	4 : 15
m. 5	7 : 35	11 : "	4 : 15	4 : 15
j. 6	7 : 35	11 : "	4 : 15	4 : 15
v. 7	7 : 30	11 : "	4 : 15	4 : 15
s. 8	7 : 30	11 : "	4 : 15	4 : 15
D. 9	7 : 30	. . . . . .	. . . . . .	4 : 15
l. 10	7 : 25	7 : 25	8 : 25	4 : 15
m. 11	7 : 25	7 : 25	8 : 30	4 : 15
m. 12	7 : 20	7 : 20	8 : 45	4 : 15
j. 13	7 : 20	7 : 20	9 : 15 soir	4 : 30
v. 14	7 : 15 soir	7 : 15	9 : 45	4 : 30 matin
s. 15	7 : 15	7 : 15	10 : 15	4 : 30
D. 16	7 : 15	7 : 15	11 : "	4 : 30
l. 17	7 : 10	7 : 10	4 : 30	4 : 30
m. 18	7 : 10	7 : 10	4 : 30	4 : 30
m. 19	7 : 10	7 : 10	4 : 30	4 : 30
j. 20	7 : 5	7 : 5 soir	4 : 30	4 : 30
v. 21	7 : 5	7 : 5	4 : 45	4 : 45
s. 22	7 : 5	7 : 5	4 : 45 matin	4 : 45
D. 23	7 : 5	7 : 5	4 : 45	4 : 45
l. 24	7 : "	7 : "	4 : 5	4 : 45
m. 25	7 : "	7 : "	4 : 45	4 : 45
m. 26	7 : "	7 : "	5 : "	5 : "
j. 27	6 : 55	6 : 55	5 : "	5 : "
v. 28	6 : 55	6 : 55	5 : "	5 : "
s. 29	6 : 50	6 : 50	5 : "	5 : "
D. 30	6 : 50	6 : 50	5 : "	5 : "

P. Q. le 2, à 1 h. 40 m. du matin.   D. Q. le 17, à 1 h. 54 m. du soir.
P. L. le 10, à 5 h. 42 m. du matin.   N. L. le 24, à 7 h. 17 m. du matin.

(14)
OCTOBRE.

Jours du mois.	HEURES D'ALLUMER LES LANTERNES.		HEURES D'EXTINCTION DES LANTERNES.	
	Permanentes.	Variables.	Variables.	Permanentes.
	h. m.	h. m.	h. m.	h. m.
l. 1	6 : 45	8 : 30	5 : 15	5 : 15
m. 2	6 : 45	9 : 45	5 : 15	5 : 15
m. 3	6 : 40	10 : 45	5 : 15	5 : 15
j. 4	6 : 40	11 : ″	5 : 15	5 : 15
v. 5	6 : 35	11 : ″	5 : 15	5 : 15
s. 6	6 : 35	11 : ″	5 : 15	5 : 15
D. 7	6 : 30	....	....	5 : 15
l. 8	6 : 30	....	....	5 : 15
m. 9	6 : 25	6 : 25	7 : 25	5 : 15
m. 10	6 : 25	6 : 25	7 : 30	5 : 15
j. 11	6 : 20	6 : 20	8 : ″	5 : 15
v. 12	6 : 20	6 : 20	8 : 30	5 : 30
s. 13	6 : 15	6 : 15	9 : ″	5 : 30
D. 14	6 : 15	6 : 15	9 : 45	5 : 30
l. 15	6 : 10	6 : 10	10 : 45	5 : 30
m. 16	6 : 10	6 : 10	5 : 30	5 : 30
m. 17	6 : 10	6 : 10	5 : 30	5 : 30
j. 18	6 : 5	6 : 5	5 : 30	5 : 30
v. 19	6 : 5	6 : 5	5 : 30	5 : 30
s. 20	6 : ″	6 : ″	5 : 45	5 : 45
D. 21	6 : ″	6 : ″	5 : 45	5 : 45
l. 22	6 : ″	6 : ″	5 : 45	5 : 45
m. 23	5 : 55	5 : 55	5 : 45	5 : 45
m. 24	5 : 55	5 : 55	5 : 45	5 : 45
j. 25	5 : 55	5 : 55	5 : 45	5 : 45
v. 26	5 : 50	5 : 50	5 : 45	5 : 45
s. 27	5 : 50	5 : 50	5 : 45	5 : 45
D. 28	5 : 50	5 : 50	5 : 45	5 : 45
l. 29	5 : 45	5 : 45	6 : ″	6 : ″
m. 30	5 : 45	5 : 45	6 : ″	6 : ″
m. 31	5 : 45	5 : 45	6 : ″	6 : ″

P. Q. le 1, à 7 h. 46 m. du soir.
P. L. le 9, à 7 h. 45 m. du soir.
D. Q. le 16, à 8 h. 43 m. du soir.

N. L. le 23, à 6 h. 58 m. du soir.
P. Q. le 31, à 4 h. 15 m. du soir.

(15)

NOVEMBRE.

Jours du mois.	HEURES D'ALLUMER LES LANTERNES.		HEURES D'EXTINCTION DES LANTERNES.	
	Permanentes.	Variables.	Variables.	Permanentes.
	h. m.	h. m.	h. m.	h. m.
j. 1	5 . 40	5 . 40	6 . "	6 . "
v. 2	5 . 40	5 . 40	6 . "	6 . "
s. 3	5 . 35	5 . 35	6 . "	6 . "
D. 4	5 . 35	5 . 35	6 . "	6 . "
l. 5	5 . 35	. . . .	. . . .	6 . "
m. 6	5 . 30	. . . .	. . . .	6 . 15
m. 7	5 . 30	5 . 30	6 . 30	6 . 15
j. 8	5 . 30	5 . 30	6 . 30	6 . 15
v. 9	5 . 25	5 . 25	7 . "	6 . 15
s. 10	5 . 25	5 . 25	7 . 45	6 . 15
D. 11	5 . 20	5 . 20	8 . 30	6 . 15
l. 12	5 . 20	5 . 20	6 . 15	6 . 15
m. 13	5 . 20	5 . 20	6 . 15	6 . 15
m. 14	5 . 15	5 . 15	6 . 30	6 . 30
j. 15	5 . 15	5 . 15	6 . 30	6 . 30
v. 16	5 . 10	5 . 10	6 . 30	6 . 30
s. 17	5 . 10	5 . 10	6 . 30	6 . 30
D. 18	5 . 10	5 . 10	6 . 30	6 . 30
l. 19	5 . 5	5 . 5	6 . 30	6 . 30
m. 20	5 . 5	5 . 5	6 . 30	6 . 30
m. 21	5 . 5	5 . 5	6 . 30	6 . 30
j. 22	5 . "	5 . "	6 . 30	6 . 30
v. 23	5 . "	5 . "	6 . 30	6 . 30
s. 24	5 . "	5 . "	6 . 30	6 . 30
D. 25	4 . 55	4 . 55	6 . 45	6 . 45
l. 26	4 . 55	4 . 55	6 . 45	6 . 45
m. 27	4 . 55	4 . 55	6 . 45	6 . 45
m. 28	4 . 50	4 . 50	6 . 45	6 . 45
j. 29	4 . 50	4 . 50	6 . 45	6 . 45
v. 30	4 . 50	4 . 50	6 . 45	6 . 45

P. L. le 8, à 8 h. 39 m. du matin.   N. L. le 22, à 9 h. 26 m. du matin.
D. Q. le 15, à 4 h. 1 m. du matin.   P. Q. le 30, à 0 h. 42 m. du soir.

(16)

DÉCEMBRE.

Jours du mois.	HEURES D'ALLUMER LES LANTERNES.		HEURES D'EXTINCTION DES LANTERNES.	
	Permanentes.	Variables.	Variables.	Permanentes.
	h. m.	h. m.	h. m.	h. m.
s. 1	4 . 45	4 . 45	6 . 45	6 . 45
D. 2	4 . 45	4 . 45	6 . 45	6 . 45
l. 3	4 . 45	4 . 45	6 . 45	6 . 45
m. 4	4 . 40	. . . . .	. . . . .	6 . 45
m. 5	4 . 40	. . . . .	. . . . .	6 . 45
j. 6	4 . 40	. . . . .	. . . . .	7 . ″
v. 7	4 . 35	4 . 35	5 . 35	7 . ″
s. 8	4 . 35	4 . 35	6 . 15	7 . ″
D. 9	4 . 35	4 . 35	7 . 15	7 . ″
l. 10	4 . 35	4 . 35	8 . 15	7 . ″
m. 11	4 . 30	4 . 30	7 . ″	7 . ″
m. 12	4 . 30	4 . 30	7 . ″	7 . ″
j. 13	4 . 30	4 . 30	7 . ″	7 . ″
v. 14	4 . 30	4 . 30	7 . ″	7 . ″
s. 15	4 . 25	4 . 25	7 . ″	7 . ″
D. 16	4 . 25	4 . 25	7 . ″	7 . ″
l. 17	4 . 25	4 . 25	7 . ″	7 . ″
m. 18	4 . 25	4 . 25	7 . ″	7 . ″
m. 19	4 . 25	4 . 25	7 . ″	7 . ″
j. 20	4 . 25	4 . 25	7 . ″	7 . ″
v. 21	4 . 25	4 . 25	7 . ″	7 . ″
s. 22	4 . 25	4 . 25	7 . ″	7 . ″
D. 23	4 . 25	4 . 25	7 . ″	7 . ″
l. 24	4 . 25	4 . 25	7 . ″	7 . ″
m. 25	4 . 25	4 . 25	7 . ″	7 . ″
m. 26	4 . 25	4 . 25	7 . ″	7 . ″
j. 27	4 . 25	4 . 25	7 . ″	7 . ″
v. 28	4 . 25	4 . 25	7 . ″	7 . ″
s. 29	4 . 25	4 . 25	7 . ″	7 . ″
D. 30	4 . 25	4 . 25	7 . ″	7 . ″
l. 31	4 . 25	4 . 25	7 . ″	7 . ″

P. L. le 7, à 8 h. 37 m. du soir.   N. L. le 22, à 2 h. 45 m. du matin.
D. Q. le 14, à 0 h. 41 m. du soir.   P. Q. le 30, à 8 h. 19 m. du matin.

Dressé et vérifié au bureau de Comptabilité de la Préfecture de police.

Le Chef du Bureau, BEAUGRAND.

Vû par *nous Directeur de la Salubrité et de l'Eclairage*, BRISSOT-THIVARS.

Vû : *Le Chef de la 3.ᵉ Division*, E. RIEUBLANC.

Vu et arrêté le présent Tableau, conformément aux dispositions de l'art. III du cahier des charges de l'entreprise de l'Éclairage des rues de Paris en date du 31 mars 1830, pour être exécuté, pendant l'année 1832, par l'entrepreneur dudit Eclairage, sous la surveillance, tant des Commissaires de Police de la ville de Paris, que du directeur du service de la Salubrité et de l'Éclairage, et des autres préposés de la Préfecture de police.

Fait à la Préfecture de police, le 13 décembre 1831.

Le Préfet de Police,

GISQUET.

Les bureaux de la direction de la Salubrité du Nettoiement et de l'Éclairage, sont situés quai de l'Horloge, n.° 45.

ENTREPRISE DE L'ÉCLAIRAGE.

M. J. COSTA, Entrepreneur.

Ses Bureaux sont situés rue des Petites-Écuries, n.º 19.

INSPECTEURS,

MM. LEBOURGEOIS, BOMPART, FORMERY et THIBAULT.

I.ᵉʳ ENTREPÔT,

Rue des Petites-Ecuries, n.º 19.

Il comprend les Quartiers ci-après :

S.-Martin.	S.-Jacques de la Boucherie.
S.-Denis.	Des Halles.
Montmartre.	Ste-Opportune.

MM. OUVRIER fils et AUBRY, Commis ; MARTIN, Commis surnuméraire.

II.ᵐᵉ ENTREPÔT,

Rue des Singes, n.º 6.

Comprenant les Quartiers ci-après:

Du Marais.	Du faubourg S.-Antoine.
S.-Paul.	De l'Hôtel-de-Ville.
De la rue S.-Antoine.	De la rue Ste-Avoye.

MM. DUFOUR et PÉRIER, Commis ; LANIOT, Commis surnuméraire.

III.ᵐᵉ ENTREPÔT,

Rue S.-Nicolas-du-Chardonnet, n.º 10.

Comprenant les Quartiers ci-après :

De la Cité.	S.-Benoît.
De la rue S.-André-des-Arts.	De l'Isle S.-Louis.
De la place Maubert.	

MM. LECOQ et DUCAS, Commis; RAVEL, Commis surnuméraire.

IV.me ENTREPÔT,

Rue de Bourgogne, n.° 25.

Comprenant les Quartiers ci-après:

Le Luxembourg.   Et le Gros-Caillou.
S.-Germain-des-Prés.

MM. LE RUEZ et MALLEVAL, Commis; ONFROY, Commis surnuméraire.

V.me ENTREPÔT,

Rue Gaillon, n.° 18.

Comprenant les Quartiers ci-après:

Le Palais-Royal.   Le Faubourg S.-Honoré.
S.-Eustache.   Et la Chaussée-d'Antin.
Le Louvre.

MM. MENETRIER, BRENIER et LAVIGNE, Commis; BENOIT et LEVASSEUR, Commis surnuméraires.

ÉTAT

Des sommes à payer pour les avaries qui pourraient être commises aux lanternes.

Pour chaque carreau de lanterne à 3 et 4 becs.	1fr.	75c.
Pour chaque fond de ces mêmes lanternes.....	1	45
Pour chaque carreau de lanterne à 2 becs.....	1	50
Pour chaque fond de ces mêmes lanternes.....	1	20
Pour un panier écrasé et mis hors de service..	18	"
Pour toute autre avarie auxdits paniers, à raison du dommage et par arbitrage...............	"	"
Pour l'huile à raison de 2 fr. le kilogramme....	2	"
Pour une lampe écrasée	14	"
Pour chaque pompe vide écrasée...........	1	30
Pour chaque réverbère écrasé..............	4	50
Pour une tenture coupée...................	2	30

INSTRUCTION

SUR

LA FORMATION DU TABLEAU

DE L'ÉCLAIRAGE.

Ce *Tableau* a pour objet de ~~fixer~~ faire les heures auxquelles doivent être allumés et éteints les Réverbères destinés à éclairer Paris. Il est le régulateur du service auquel l'Entrepreneur est obligé.

Le service de l'Eclairage est divisé en deux parties que l'on distingue ainsi qu'il suit :

L'ALLUMAGE EN PLEIN,

ET LE DEMI-ALLUMAGE.

L'allumage en plein a lieu lorsqu~~'il n'y a pas de~~ e la Lune ~~ou~~ que sa lumière est trop faible pour ~~être employée;~~ éclairer suffisamment ;

Et le *demi-allumage* est établi lorsque la lumière de la Lune est assez forte pour qu'on en puisse ~~faire usage.~~ tirer ou obtenir l'éclairage désiré.

Pour faire ce service les Lanternes ~~contiennent~~ sont en deux ~~espèces de becs de lumière ;~~ catégories ;

Les unes ~~renferment des becs~~ appelés ~~becs~~ et permanent~~es~~s,

(21)

Et les autres appelés variables.

Elles sont, à peu près, en nombre égal.

Les premiers sont appelées permanens parce qu'ils font un service continuel ; c'est-à-dire, qu'elles brûlent pendant la durée entière de toutes les nuits, soit qu'il y ait clair de Lune, soit qu'il n'y en ait pas ;

Et les derniers s'appellent variables parce qu'elles sont alternativement allumés ou éteints : allumés, avec les permanens, quand il n'y a pas clair de Lune ou que sa clarté est trop faible ; éteints, quand cette clarté est intéressante.

Quand il y a *allumage en plein*, tous les tant *permanens* que *variables*, sont donc allumés ;

Et quand il n'y a que *demi-allumage*, on ne fait brûler que les *permanens*, parce que la clarté de la Lune permet le non service des lanternes variables.

L'année étant réglée sur le cours du Soleil, l'accroissement et la diminution des jours sont semblables pour chaque année et produisent périodiquement, aux mêmes dates, un nombre égal d'heures de nuit (d'éclairage) : de sorte que si l'éclairage ne se réglait chaque jour que sur l'heure du coucher et du lever de cet astre, sans jamais profiter de la clarté de la lune, tous les *becs* seraient *permanens*, puisqu'ils brûleraient, sans interruption, du soir au matin ; et le Tableau du service, une fois arrêté, deviendrait perpétuel, sauf les changemens pour motifs d'amélioration, dont l'expérience aurait démontré la nécessité.

Mais comme on profite de la lumière de la

(22)

Lune, une moitié des becs ne sont pas allumés pendant le tems où cette lumière ~~peut être employée:~~ ce sont les ~~becs~~ lanternes variables. Le service de ces ~~becs~~ lanternes doit donc être réglé d'après ~~le cours~~ de la Lune. Or, comme ses phases ne se reproduisent pas chaque année aux mêmes jours, et que d'un autre côté sa clarté ne peut être ~~employée~~ que pendant une partie de ~~son~~ cours, il devient indispensable de renouveler tous les ans le Tableau, afin de régler les jours où il convient ~~de faire usage de~~ cette clarté; mais ces changemens à faire chaque année au Tableau, pour mettre le service de chaque jour en rapport avec ~~le changement d~~es phases de la Lune, n'en doivent produire aucun dans la totalité annuelle des heures d'éclairage, dont le nombre, sauf les années bissextiles, est toujours le même, attendu que si, par l'effet ~~des variations~~ des phases de la Lune, il y a plus d'heures d'*allumage en plein*, il y a le même nombre d'heures en moins pour le *demi-allumage*.

Voici les bases d'après lesquelles le service de l'*Éclairage des Rues de Paris* a été réglé et arrêté.

HEURES D'ALLUMER LE SOIR.

Du moment que la lumière du jour cesse d'éclairer suffisamment, on doit y substituer celle des Réverbères. Il a donc fallu déterminer, pour chaque jour, l'instant où la lumière des Réverbères doit ~~remplacer~~ succède celle du jour.

Le coucher du Soleil est suivi d'un crépuscule dont la ~~clarté~~ lumière se prolonge plus ou moins selon les différentes saisons, abstraction faite de l'état de l'atmosphère.

(23)

Cette ~~clarté~~ [lumière] est toujours en rapport [quant à l'intensité et à la durée] avec les degrés de déclinaison australe ou boréale du Soleil ; d'où il suit que sa moindre durée se trouve à l'époque du solstice d'hiver, et sa plus grande à celle du solstice d'été. En sorte qu'elle augmente depuis le 21 décembre jusqu'au 21 juin, et qu'elle décroit depuis cette dernière époque jusqu'au 21 décembre, dans des proportions régulières, déterminées par les degrés de déclinaison australe ou boréale.

En partant de ce principe et en calculant la durée ~~de la clarté~~ du crépuscule après le coucher du Soleil, d'après ses accroissemens et décroissemens, on a dû fixer le moment d'allumer les Lanternes pendant toute l'année, dans les progressions suivantes :

	INDICATION DES MOIS.	HEURES D'ALLUMER APRÈS LE COUCHER DU SOLEIL.
ACCROISSEMENT DU CRÉPUSCULE.	Janvier...	De 20 à 30 Minutes.
	Février...	De 30 à 35.
	Mars....	De 35 à 40.
	Avril....	De 40 à 45.
	Mai	De 45 à 50.
	Juin. ...	De 50 minutes à 1 heure.
DÉCROISSEMENT DU CRÉPUSCULE.	Juillet...	De 1 heure à 55 minutes.
	Août ...	De 55 minutes à 50.
	Septembre.	De 50 à 45.
	Octobre...	De 45 à 40.
	Novembre.	De 40 à 30.
	Décembre..	De 30 à 20.

HEURES D'ÉTEINDRE LE MATIN.

Le lever du Soleil étant précédé d'un crépuscule, dont ~~la~~ lumière peu~~t~~ être appréciée d'une durée égale à celles du crépuscule qui suit ~~son~~ coucher, il semblerait que l'heure d'éteindre les Réverbères devrait être déterminée dans les proportions adoptées pour fixer l'heure d'allumer.

Mais deux raisons permettent de profiter, d'une manière plus avantageuse, du crépuscule du matin.

La première est que, l'atmosphère étant généralement moins chargée de vapeurs le matin que le soir, la ~~clarté~~ du crépuscule est beaucoup plus ~~sensible~~ le matin.

La seconde consiste en ce que la lumière du crépuscule du soir, va toujours en décroissant jusqu'à la nuit absolue, et que l'autre, au contraire, va toujours en augmentant et se termine par ~~le jour parfait~~. De sorte qu'on peut ~~faire usage~~ de ce dernier crépuscule dès l'instant qu'il paraît, et que quand même il arriverait qu'on fît éteindre les réverbères quelques minutes trop tôt, ce léger inconvénient serait bientôt réparé par l'apparition du jour.

C'est d'après ces motifs qu'on a déterminé l'heure d'éteindre le matin ainsi qu'il est indiqué ci-après; en observant, toutefois, d'établir ~~au Tableau~~ la graduation par quart-d'heure, pour donner aux Inspecteurs de ce service les moyens de constater plus précisément les extinctions prématurées.

INDICATION des MOIS.	HEURES DE L'EXTINCTION DES RÉVERBÈRES AVANT LE LEVER DU SOLEIL.
ACCROISSEMENT DU CRÉPUSCULE. Janvier ..	De 40 à 45 minutes.
Février...	De 45 à 50.
Mars....	De 50 à 55.
Avril....	De 55 minutes à 1 heure.
Mai.....	De 1 heure à 1 heure 5 minutes.
Juin....	De 1 heure 5 m. à 1 heure 10 m.
DÉCROISSEMENT DU CRÉPUSCULE. Juillet...	De 1 heure 10 m. à 1 heure 5 m.
Août....	De 1 heure 5 m. à 1 heure.
Septembre.	De 1 heure à 55 minutes.
Octobre...	De 55 minutes à 50.
Novembre.	De 50 à 45.
Décembre..	De 45 à 40.

DEMI-ALLUMAGE.

Le *demi-allumage*, comme on l'a dit, est produit par l'extinction des Lanternes ~~à becs~~ *variables*. Ces Lanternes, dans les rues où la clarté de la Lune peut pénétrer, sont placées alternativement avec celles ~~à becs~~ *permanens*; et sur les quais, *les* ponts, boulevards et grandes places publiques, elles font *seules* l'éclairage. Leur service est déterminé par le cours de la Lune, suivant ~~la clarté~~ *l'intensité* *lumière* qui résulte de ~~sa situation~~ sur notre horison. *s'élév* *lumière* La ~~clarté~~ de la Lune est plus ou moins ~~forte~~ *intense* et belle selon la double proportion de ~~son~~ élé- *l'* vation et de la surface qu~~'elle~~ présente. *e cet astre*

(26)

D'une part, si ~~son~~ élévation ne la place pas à 15 ou 20 degrés environ au-dessus de l'horison, elle ne peut éclairer que le faîte des maisons, et ~~sa~~ lumière ne pénètre pas dans les rues.

Et, d'autre part, si ~~sa~~ surface ne présente qu'un croissant, ~~sa~~ lumière, alors très-faible, est presqu'insensible et ~~exposée~~, d'ailleurs, à être obscurcie par le plus léger nuage. C'est dans ce~~tte~~ dernièr~~e~~ état ~~position~~ qu'elle se trouve pendant les cinq à six premiers jours d~~e son~~ renouvellement, et les cinq à six derniers jours d~~e son~~ dernier quartier.

Il résulterait delà en principe général :

1.º Quant à ~~son~~ élévation ;

Qu'on ne ~~doit en faire usage~~ qu'une heure après le ~~son~~ lever, ~~afin de lui donner le tems de s'élever suf~~fisa~~mment~~ ; et, par la même raison, qu'on doit cesser ~~de l'employer~~ une heure avant ~~son~~ coucher.

2.º Quant à ~~sa~~ surface que cet astre présente : Que ~~sa~~ clarté ne peut être ~~employée~~ qu'à compter du 1.er jour d~~e son~~ premier quartier ou de la veille, si ~~sa~~ déclinaison est boréale, ou de l'avant-veille, si ce premier quartier arrive entre *minuit* et *midi*, jusqu'au 1.er jour d~~e son~~ dernier quartier si ~~sa~~ déclinaison est également boréale, ou bien jusqu'au 2.me jour, si le dernier quartier arrive entre *midi* et *minuit*. En effet, quand la déclinaison de la Lune est boréale, ~~son~~ ascension étant plus droite, elle présente une plus grande surface et jette plus de clarté sur notre hémisphère.

Mais cett~~e emploi~~ de la lumière de la Lune, qui ne présente aucun inconvénient du printemps à l'automne, parce qu'alors l'atmosphère est presque toujours pure et que les crépuscules sont longs, ~~en~~ ~~aurait beaucoup~~ depuis septembre jusqu'en mars, attendu que pendant cet intervalle le ciel est, le plus souvent, chargé de nuages et de brouillards qui interceptent la clarté de la Lune, et que les crépuscules ont très-peu de durée ; particulièrement en janvier, février, novembre et décembre, dont les nuits sont les plus longues. Il est donc nécessaire, pour assurer plus efficacement la sûreté de la voie publique, dans la mauvaise saison, de modifier le principe général établi pour ~~l'emploi~~ *profiter* de la lumière de la Lune.

En conséquence, on ne ~~fait usage~~ *tire avant* de la clarté de la Lune, d'une part, en janvier, février, novembre et décembre, que le jour de la pleine Lune, les trois jours qui le précèdent et les trois qui le suivent; et, d'autre part, en mars, septembre et octobre, à compter seulement du premier jour du premier quartier : et au lieu d'établir l'*allumage en plein* une heure seulement avant ~~son~~ *le* coucher dans les premiers jours de ce premier quartier, temps pendant lequel ~~la lumière~~ *il en* est encore bien faible, on met cet allumage en activité, progressivement une heure et demie, une heure trois-quarts et deux heures avant le coucher.

C'est d'après ces données certaines et confirmées par l'expérience que l'on doit établir l'*allumage en plein* ou le *demi-allumage*, c'est-à-dire que les Réverbères à *becs variables* doivent, ou non, être ~~éclairés~~ *allumés*.

Le service de ces Réverbères donne lieu à une difficulté qui tient à la variation de l'heure du lever et du coucher de la Lune, et il en résulte deux circonstances :

La première, lorsque la lumière de la Lune succédant au coucher du Soleil, elle cesse d'éclairer avant le retour du jour : ce qui a lieu depuis le 1.er quartier jusqu'à la pleine Lune.

La seconde, lorsque cette lumière devient ~~bonne~~ *suffisa* dans le courant de la nuit et prolonge ~~la clarté~~ *se* jusqu'au retour du jour : ce qui arrive depuis la pleine Lune jusqu'au dernier quartier.

Ce n'est point dans le deuxième cas qu'existe la difficulté. Il s'agit seulement alors de substituer le *demi-allumage* à l'*allumage en plein*, et, pour cet effet, les *becs variables* devant cesser d'éclairer lorsque la Lune doit produire une lumière suffisante, l'Entrepreneur ne fait verser dans ces Réverbères que la quantité d'huile nécessaire pour atteindre cet instant ; par ce moyen, les becs s'éteignent d'eux-mêmes, et le *demi-allumage* est substitué naturellement à l'*allumage en plein*.

Cependant l'Administration dans cette circonstance n'établit jamais l'*allumage en plein* pour moins d'une heure, attendu que le prix qu'elle paierait à l'Entrepreneur pour un espace de tems plus court, ne le couvrirait pas des frais que lui occasionne le service de l'allumage de tous les Réverbères à *becs variables*.

Il n'en est pas de même du premier cas. Lorsque la Lune cesse d'éclairer pendant la nuit, il s'agit de substituer l'*allumage en plein* au *demi-allumage*, ce qui s'opère en allumant les Lanternes à *becs variables*. Mais cette circonstance se rencontrant à différentes heures de la nuit, il en résulte que si l'on voulait régler ce service strictement sur la variation de l'heure du coucher de la Lune, il faudrait tenir les allumeurs en activité toute la nuit. Or, l'usage

(29)

étant que le service de ces ouvriers ne s'étende pas au-delà de 11 heures du soir, on ne pourrait exiger qu'ils le prolongeassent, qu'en augmentant beaucoup leur salaire; ce qui produirait une augmentation de dépense susceptible d'absorber l'économie résultante du *demi-allumage*.

Encore l'allumage hors les heures fixes n'a-t-il jamais lieu en Janvier, Février, Novembre et Décembre, l'Administration ne voulant point exposer les allumeurs pendant ces quatre mois, aux intempéries de la saison froide et pluvieuse.

Il s'agissait d'examiner s'il convenait de charger l'Administration de la dépense de l'allumage inutile des *becs variables*, depuis 11 heures du soir jusqu'a 3, 4 et 5 heures du matin que la Lune cessait d'être ~~bonne, pour~~ procurer de la lumière pendant 2, 3 ou 4 heures de nuit que, suivant la saison, il pourrait y avoir encore avant le retour du jour; ou si, du moment que la clarté de la Lune mettait dans le cas de prolonger le *demi-allumage* au-delà de 11 heures, on devait maintenir ce service tout le reste de la nuit. Ce cas ne se présente que dans le cours du premier quartier.

Dans cette alternative on a cru devoir adopter un parti moyen qui pût concilier le principe d'une juste économie par l'effet d'un *demi-allumage* en temps convenable, avec ce que réclamait le bien du service en établissant l'*allumage en plein*, quoique dispendieux, lorsque les circonstances le rendaient nécessaire.

En conséquence, toutes les fois que la Lune cesse d'être ~~bonne~~ (c'est-à-dire qu'il n'y a plus qu'une heure avant ~~son~~ coucher) entre 11 heures du soir et 2 heures et demie du matin, les Réverbères à *becs variables* doivent être allumés dès 11 heures du soir, et l'*allumage en plein* est établi jusqu'au retour du jour. Dans ce cas on a cru devoir faire le sacrifice de la dépense d'une, deux ou trois heures de lumière inutile des Réverbères à *becs variables* pour obtenir, selon la saison, 3 ou 4 heures d'*allumage en plein*, nécessaires depuis 2 heures et demie après minuit jusqu'au retour du jour.

Mais lorsque la Lune ne cesse d'être ~~bonne~~ qu'à partir de 2 heures et demie, 3, 4 ou 5 heures du matin, il a paru inconvenient de faire établir dès 11 heures du soir un *allumage en plein* très-couteux et inutile pendant 5 à 6 heures pour obtenir une lumière générale pendant une ou deux heures environ de nuit absolue qu'il resterait encore à s'écouler avant le retour du jour.

Il suit delà, qu'excepté quelques modifications pendant la mauvaise saison (ainsi qu'il est énoncé plus haut) à compter du 1.ᵉʳ jour du 1.ᵉʳ quartier de la Lune jusqu'au 1.ᵉʳ jour d~~e son~~ dernier quartier, et à partir d'une heure après ~~son~~ lever jusqu'à une heure avant ~~son~~ coucher, les Réverbères à *becs variables* ne doivent point être allumés, et qu'il y a *demi-allumage*,

Sauf cependant,

1.º Lorsque la Lune cesse d'être ~~bonne~~ entre 11 heures du soir et 2 heures et demie du matin.

Dans cette première circonstance le *demi-allumage* doit cesser dès 11 heures, et les Réverbères à *becs variables* doivent être allumés à cette dernière heure pour établir l'*allumage en plein* concurremment avec ceux à *becs permanens*, jusqu'au retour du jour;

2.º Lorsque la Lune cesse d'~~être bonne~~ éclairer suffisamment après 2 heures et demie du matin :

Dans ce second cas le *demi-allumage* doit être prolongé jusqu'au jour ;

3.º Enfin lorsque la déclinaison de la Lune est boréale :

Alors le *demi-allumage* doit être établi : d'une part, la veille du *premier quartier*, et même l'avant-veille, si ce premier quartier arrive entre *minuit* et *midi*; et, d'autre part, le premier jour du *dernier quartier*, et même le lendemain, si ce dernier quartier arrive entre *midi* et *minuit*.

Dans tous les autres cas, les Réverbères à *becs variables* font le service pendant toute la nuit concurremment avec ceux à *becs permanens* ; ce qui constitue l'*allumage en plein*.

M. DCCC. XXXII.

www.ingramcontent.com/pod-product-compliance
Lightning Source LLC
Chambersburg PA
CBHW060608050426
42451CB00011B/2144